AF473441

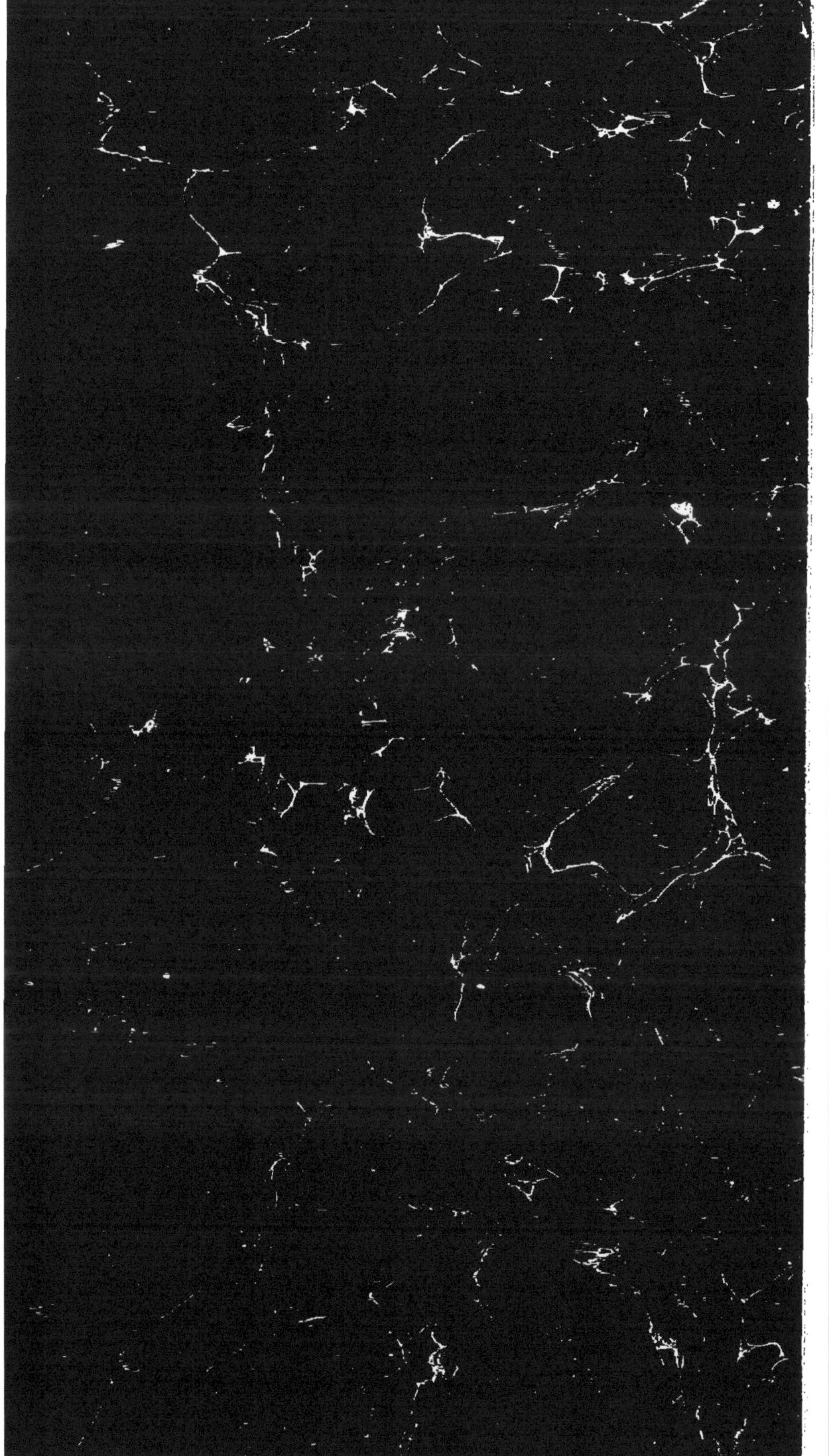

DÉFENSE

DE DANTZIG,

EN 1813,

PAR LE COMTE DE RIENCOURT,

LIEUTENANT COLONEL, OFFICIER DE LA LÉGION D'HONNEUR,
CHEVALIER DE SAINT LOUIS.

PARIS,
TYPOGRAPHIE DE FIRMIN DIDOT FRÈRES,
IMPRIMEURS DE L'INSTITUT DE FRANCE,
RUE JACOB, N° 56.

1845.

DÉFENSE

DE

DANTZIG,

EN 1813.[1]

Le mois de décembre 1812 commençait, et la trop célèbre retraite de Russie touchait à son terme. La route de Moscou, effacée sous la neige, n'est plus tracée dans cette saison que par des poteaux placés de distance en distance, pour empêcher le voyageur incertain de s'égarer; mais cette fois on pouvait suivre la route à des signes funestes. Elle était jonchée des débris de l'armée française. A chaque pas, on voyait des canons encloués, des voitures et des caissons abandonnés, des cadavres d'hommes et de chevaux gisant sur la neige. Des groupes de soldats marchant isolément, et ressemblant plus à des spectres qu'à des hommes, se traînaient à travers ces débris; ils

(1) Cette relation est extraite d'une *Histoire de la république de Dantzig*, qui doit être publiée prochainement.

étaient à peine suivis par de faibles corps de l'armée russe. Celle-ci était elle-même désorganisée par le froid, la fatigue, et la résistance désespérée de la petite arrière-garde qu'on avait toujours su maintenir derrière l'armée française. Plusieurs corps avaient successivement fourni cette poignée de héros qui se sacrifiaient pour tous, et qui en plusieurs circonstances se couvrirent d'une gloire immortelle. Les blessés, les hommes exténués par tant de misères, ou ceux que ne soutenait pas une forte organisation morale, formaient une seconde et dernière arrière-garde. Les premiers corps de l'armée russe dépouillaient ces infortunés retardataires de leurs objets les plus précieux; puis arrivait une bande indisciplinée de paysans dans la campagne, de juifs dans les villes, pour arracher les derniers lambeaux de leurs vêtements. Bientôt ils n'étaient plus que des cadavres allant grossir le nombre de ceux qu'avaient déjà frappés le fer, le froid, la faim et la fatigue. On dit qu'on vit, longtemps encore après la retraite, des bandes nombreuses de corbeaux s'abattre sur ces corps sans vie, et se repaître de leurs chairs.

On peut se faire une idée de l'immensité des pertes de l'armée française dans cette retraite, par la quantité de troupes russes qui furent habillées et armées au moyen des armes et des effets trouvés dans les magasins ou sur les chemins, et par la dispersion des objets de moindre valeur que l'année suivante, prisonniers dans ces contrées, nous trouvâmes souvent chez des paysans, à plus de deux cents lieues des endroits où avait pénétré cette armée.

Le 14 décembre, Ney, qui commandait l'arrière-garde de l'armée, se retirait de Kowno avec 200 hommes qui lui restaient. Tchitschacof, chargé de poursuivre le gros de l'armée française, ou plutôt des fuyards qui en étaient les débris, avait arrêté à Wilna son armée épuisée de fatigues, et ses soldats y recevaient la contagion de l'épouvantable maladie qui faisait chaque jour mourir par milliers les prisonniers français. Platow seul avec ses Cosaques poursuivait Ney. Witgenstein, à la droite, manœuvrait contre la gauche des Français, pour couper Macdonald. Kutusoff, général en chef russe, au lieu de marcher droit sur Varsovie, et de pénétrer en Allemagne par le plus court chemin, pour couper le corps autrichien, et y devancer les débris de l'armée française, marcha vers Wilna sur les traces de celle-ci, perdit près d'un mois, et laissa ainsi s'échapper tous les fuyards qui n'avaient pas péri misérablement. Macdonald se fût aussi trouvé bien plus compromis par cette manœuvre directe.

On put seulement respirer, les uns quelques jours, les autres quelques heures, sur le bord de la Vistule, et penser à réunir quelques débris. Un avis affiché dans les principales villes prussiennes situées le long de ce fleuve, indiquait des bourgades comme points de réunion, non pour des régiments, des brigades ou des divisions, mais pour chacun de ces corps d'armée qui, quelques mois auparavant, occupaient des provinces entières, ou pouvaient à eux seuls livrer des batailles (1). Le point de ralliement des 9e et 10e corps, moins désorganisés, était assigné à Dantzig.

Tant de désastres étaient l'effet de l'ambition d'un seul homme, et peut-être de sa position vis-à-vis des souverains de l'Europe. Parvenu au pouvoir par la guerre et les révolutions, il ne pouvait s'y maintenir qu'en livrant des batailles, et en donnant sans cesse un aliment aux révolutions. En renversant des États, il abolissait les priviléges acquis par les armes et consacrés par les siècles. Il élevait donc de nouveaux trônes sans l'appui de l'aristocratie; il n'obtenait pas plus celui des peuples, que ruinaient ses contributions et son

(1) L'anecdote suivante, racontée par Kotzebue dans un journal qu'il rédigeait alors à Berlin, peint d'une manière un peu burlesque, mais assez vraie, l'anéantissement de l'armée française :

« Un voyageur égaré pendant la nuit avait frappé à la porte d'une chaumière dans la vieille Prusse, sans qu'on voulût lui ouvrir : à sa demande instante d'un asile pour quelques heures, on répondit de l'intérieur qu'il n'y avait place pour personne, attendu que le premier corps de la grande armée était logé dans cette maison. Il est possible que cette réponse ait été faite par quelqu'un de ces militaires chez lesquels la jovialité ne perd jamais ses droits, au milieu même des circonstances les plus critiques. »

système d'excommunication de l'Angleterre du commerce de l'Europe. Imbu de l'histoire ancienne, il n'en adoptait que les mots et le système de conquêtes; et loin de respecter, comme ses modèles, les lois et les mœurs des peuples vaincus, il implantait son Code civil jusque sur les bords de la Vistule. Ayant sans cesse la réaction devant les yeux, il comprimait toujours pour la retarder. « Si j'étais seulement mon petit-fils, disait-il, je serais acculé aux Pyrénées, que je ne me rendrais pas encore. » Mais il n'était que l'enfant de ses œuvres, disait-il, et comme tant d'autres l'ont répété depuis, par une orgueilleuse parodie, en parlant d'eux-mêmes. Il n'y voyait de remède que celui de rendre sa dynastie la plus ancienne de l'Europe.

Du moment que Napoléon posait les armes, on lui demandait des concessions qu'il prévoyait bien ne devoir jamais être suffisantes. Il faisait donc la guerre plus par nécessité qu'on ne l'a cru; personne mieux que lui n'en pressentait les hasards, ou n'appréciait justement les fautes qu'il y avait faites. Ainsi, en passant par Kowno, après avoir quitté son armée, il disait au commandant du génie qu'il trouva occupé à fortifier cette ville : « N'est-il pas vrai qu'il fallait être bien fou pour aller à Moscou ? »

De toutes les appréciations qui ont été faites de cette fatale retraite, aucune n'est plus juste que celle de Napoléon lui-même, dans l'entrevue qu'il eut, à son passage à Varsovie, avec deux membres du conseil des ministres du grand-duché et M. l'abbé de Pradt, et que celui-ci a dépeinte d'une manière si pittoresque dans son Histoire de l'ambassade à Varsovie, en 1812. Il a omis néanmoins le premier mot de l'empereur en voyant entrer les trois visiteurs; le voici : « Que dit-on de l'armée, à Varsovie? Messieurs, on vous dira bien des choses de cette retraite; croyez tout, on ne vous en dira jamais assez. »

Napoléon aimait à régner en despote sur l'opinion comme sur les peuples. Dans les grands revers comme dans les grands succès, il se plaisait à saisir le premier les esprits, et voulait que tout fût pâle auprès de ses récits. De Wilna, un bulletin dramatique vient frapper au cœur les mères, les épouses et tous les bons Français (1). A Varsovie, les premières personnes qu'il voit après les témoins de ces grands désastres, il les terrasse par une phrase qui ne peut plus laisser place à aucune exagération.

Au milieu de ces désastres qui ternirent tant

(1) Lorsque ce bulletin parvint au conseil des ministres, ceux qui connaissaient le style de l'empereur ne doutèrent pas un instant qu'il n'eût été écrit sous sa dictée. L'un d'eux remarqua particulièrement cette phrase : « Les chevaux périssaient par centaines et par *millièmes.* » Le dernier mot, dit-il, était une locution vicieuse familière à Napoléon. Il est inutile d'ajouter que cette expression, qui pouvait être, au reste, le fait de l'écrivain, fut corrigée à l'impression.

de caractères, l'esprit français ne perdit jamais ses droits. Ceux que la nature avait fortement trempés, suivant l'expression du 29e bulletin, raillaient les plus faibles, et disaient qu'ils étaient *démoralisés*. Ce mot nouveau peignait énergiquement l'effet produit par les souffrances de tous genres qu'on avait à endurer. Empressons-nous d'ajouter, comme preuve du dévouement dont est susceptible le caractère français, qu'une action héroïque nécessaire pour le salut de tous, ou qu'un ordre de l'empereur, trouvèrent toujours des victimes prêtes à s'immoler. C'est ainsi qu'à Crasnoe une poignée de braves se sacrifia pour donner le temps au reste de l'armée de gagner Smolensk, et préféra le danger de s'engloutir sous les glaces du Dniéper, à une capitulation qui eût livré à l'ennemi le trophée d'un maréchal de l'empire prisonnier. A la Bérézina, quelques débris des sapeurs du génie et des pontonniers se plongèrent, durant tout un jour, dans les eaux glacées de cette rivière, pour poser, sous le feu de la mitraille, les chevalets d'un pont qui devait sauver l'armée et ses chefs d'une destruction totale (1).

Une autre preuve de dévouement et d'inébran-

(1) Dans un des moments de repos que ces hommes d'un dévouement si héroïque étaient forcés de prendre, l'empereur dit au général commandant en chef le génie : « Eh bien ! Chasseloup, vos sapeurs n'en veulent plus. — Je vous demande pardon, sire, répondit le général, ils n'en peuvent plus. »

lable fermeté fut donnée à Tilsitt par le maréchal Macdonald. Le 14 décembre, comme nous l'avons dit, les débris de l'armée traversèrent le Niemen, et se répandirent dans la vieille Prusse, n'étant plus suivis par l'armée russe. Le 18, ce maréchal était encore sur la Düna, n'ayant pris que quelques dispositions de concentration de son corps d'armée, après des bruits vagues parvenus jusqu'à lui de la destruction de l'armée. Un major prussien était parti le 9 décembre de Wilna, avec un ordre de retraite du roi de Naples pour le dixième corps. Il s'arrêta quelques jours à Tilsitt pour ses affaires particulières, et n'arriva près du maréchal Macdonald que le 18. Comment, ainsi que l'écrivait ce maréchal au major général le jour de son départ, n'envoie-t-on pas dix, vingt, cent duplicata, dans une circonstance aussi grave? L'insouciance de l'officier prussien pâlit auprès d'une telle imprévoyance.

Le 23 décembre, Macdonald eut sa première rencontre avec la division Sakoff, et lui prit deux bataillons et une pièce d'artillerie.

A Tilsitt, il attendit plusieurs jours le corps prussien qui formait son arrière-garde à deux jours de marche de lui; et, malgré tous les avis qu'il recevait d'une défection secrète qui, par cette attente généreuse, l'exposait aux plus grands dangers, il aima mieux accumuler les périls sur le reste de son armée, et la responsabilité sur sa tête, qu'abandonner seul aux coups de l'ennemi un allié suspect. «Tant qu'il restera un Prussien de l'autre côté du Niemen, je n'en quitterai pas la rive,» répondait-il obstinément à ceux qui le sollicitaient de continuer sa retraite. Il fallut qu'il eût reçu la notification officielle de la défection des Prussiens, pour qu'il se décidât à une retraite qu'il conduisit avec la plus grande habileté. Ses troupes, déjà entourées par les Russes, durent se battre sans relâche jusqu'à la Vistule. Elles rallièrent, à Kœnigsberg, la 30e division d'infanterie de nouvelle levée qu'on avait fait accourir du Mecklembourg, avec 1,500 dragons, pour soutenir la retraite, et formèrent avec elle le noyau du corps d'armée destiné à défendre Dantzig. Déjà cette place avait une faible garnison. Quelques débris échappés aux désastres de la retraite vinrent aussi se jeter dans la ville. Le tout forma un corps d'environ 36,000 hommes, appartenant à vingt nations différentes et à plus de cent corps divers. Un des bataillons de prisonniers espagnols que Napoléon, avec son art merveilleux de tirer parti des hommes de toutes les conditions, avait organisés en pionniers militaires, venait compléter cette disparate.

La confusion qui pouvait résulter de l'agglomération de tant d'éléments divers était le moindre mal d'une pareille composition. Avec les soldats armés, s'était jetée dans la ville une foule d'hommes gelés, écloppés, malades, épuisés de faim et de fatigue, et portant dans leur sein le germe de cette fièvre nerveuse qui fit tant de ravages dans les villes où passèrent les débris de l'armée, et surtout dans les places fortes, où il fallut fermer les portes derrière eux. Dantzig fut la plus maltraitée de toutes ces places, puisque, après six semaines de blocus, des 36,000 hommes qui s'y étaient enfermés, il n'y en avait plus que 5 à 6 mille en état de porter les armes.

Des historiens ont blâmé la conservation des places voisines de la Vistule, comme ayant eu le résultat d'affaiblir, à raison des garnisons qu'il fallut y jeter, l'armée à laquelle ces troupes eussent été plus utiles en rase campagne. Quoi qu'il en soit des autres places, Dantzig, au moins, mériterait une exception dans ce blâme par sa haute importance comme place de guerre maritime, et comme dépôt des immenses approvisionnements qui y existaient en artillerie, en armes et en effets d'habillement, et qui auraient suffi à armer et équiper une armée entière, dans le cas d'un retour offensif sur la Vistule. Le grand nombre de troupes enfermées dans cette place a été aussi un sujet de blâme; l'événement a prouvé que ce reproche était mal fondé. D'ailleurs, Napoléon, en donnant ses ordres de mouvement lorsqu'il quitta l'armée, agissait en aveugle. A cette époque de déroute générale, il ne pouvait évaluer ce que serait, au bout de quelques jours, la force des corps auxquels il faisait transmettre ces ordres. Il ne fallut rien moins que l'énergie et le talent du maréchal Macdonald pour ramener à Dantzig le dixième corps qu'il commandait. Ses troupes se battirent journellement, et toujours avec succès, depuis le 19 décembre jusqu'au 16 janvier, jour de leur entrée à Dantzig, mais non sans éprouver des pertes nombreuses, soit par le feu de l'ennemi, soit par la fatigue et le froid. La 30e division, qui ne participa que depuis Kœnigsberg à cette belle retraite, perdit à elle seule 1,800 hommes.

Napoléon avait voulu faire de Dantzig le boulevard avancé de ce qu'il appelait son grand empire, et le pivot de ses opérations offensives contre le Nord. Voici les moyens qu'il avait employés pour y parvenir. Appréciant les avantages de l'admirable position de cette place, il avait adopté le plan le plus vaste pour la fortifier et l'agrandir. Dantzig est renfermé dans une enceinte presque circulaire, composée de vingt bastions. L'est et le sud sont protégés par une vaste inondation; le nord, par la Vistule qui court parallèlement à l'enceinte; et l'ouest est dominé par une hauteur sur laquelle sont situés les forts du Bichofsberg et du Hagelsberg; c'est, pour ainsi dire, le seul côté attaquable de la place. Une chaîne de forts importants relie Dantzig à la petite place de Weichselmünde, qui en est distante de plus d'une lieue, et se trouve située à l'embouchure de la Vistule, dominant un bon port et une excellente rade. De nouveaux ouvrages construits par les Français lient cette forteresse au camp retranché de Fahrvaser, sur l'autre rive de la Vistule. Le tout forme une vaste place de guerre rattachée, comme on vient de le dire, à celle de Dantzig. 60,000 hommes pouvaient facilement combattre derrière ces immenses fortifications : il n'en aurait pas fallu moins que 30,000 pour suffire à leur défense. A peine le dixième corps de la grande armée y fut-il enfermé, que les maladies laissèrent au plus le tiers de ce nombre disponible.

Une autre circonstance aggravait la fâcheuse position des assiégés. Une partie des immenses fortifications projetées n'était encore qu'ébauchée. Le prestige des prospérités de Napoléon n'avait pas laissé supposer qu'on n'eût pas quelques années pour les amener à leur perfection. Sans autre ressource que celle d'une garnison déjà insuffisante pour faire face à l'ennemi, et d'une population mal disposée, presque sans argent, sous le feu de l'ennemi, et malgré les rigueurs du froid qui descendit jusqu'à 26 degrés, et obligeait d'allumer de grands feux sur la terre avant d'y faire mordre la pioche, il fallut mettre la main à l'œuvre. La place protégée, comme il a été dit, dans une grande partie de son pourtour par les eaux de la Vistule, de la Motlau et de la Radaune, et des inondations factices ménagées pour sa défense, n'offrait extérieurement, sur une étendue de plusieurs lieues, qu'une immense plaine de glace très-épaisse, capable de porter l'artillerie. De toute part on était donc exposé à un assaut d'autant plus à craindre, que les ouvrages partout commencés n'étaient presque nulle part achevés. Les murailles n'étaient pas élevées, les parapets n'étaient pas palissadés. On n'avait pas, pour les défendre, le sixième des troupes qui étaient nécessaires; de façon que si l'ennemi, à cette époque, avait réuni une force suffisante, ou s'il avait connu la faiblesse des assiégés et des fortifications, et qu'il eût osé l'affronter, une attaque de vive force n'aurait pas été sans de grandes chances de succès. Cependant, les défenseurs de Dantzig, mal instruits du nombre de troupes qui cernaient cette place, parce qu'une partie des Russes, pénétrant en Allemagne, passait à sa proximité et s'y arrêtait plus ou moins longtemps, avertis d'ailleurs que l'ennemi avait fait construire un grand nombre d'échelles pour l'escalade, furent depuis le 15 janvier, époque de l'investissement de la place, jusqu'au temps du dégel, en appréhension d'un tel événement. Pour en détourner la chance, on résolut d'entretenir un cours d'eau autour de son enceinte et dans le lit de la Vistule jusqu'à Weichselmünde, en cassant la glace, qui souvent avait plusieurs pieds d'épaisseur. Cette opération, qui ne pouvait avoir lieu qu'à découvert, était faite pendant la nuit. Il fallut y renoncer souvent, à cause de l'intensité du froid, qui substituait promptement une nouvelle glace à celle qu'on avait brisée. Qu'on juge de l'immensité d'un pareil travail sous un si rude climat, et sur une étendue de plusieurs lieues! Il était souvent incomplet, mais suffisant pour arrêter l'ennemi, qui devait craindre de venir, dans une attaque de vive force, engouffrer ses colonnes sous les glaces qu'il lui aurait fallu traverser. A tous ces travaux, on dut ajouter ceux de l'armement de la place en artillerie, de l'extension et du blindage des magasins à poudre, de la construction de moulins à manége pour moudre les grains, et de l'augmentation du nombre des hôpitaux, en raison du nombre croissant des hommes qu'atteignait une des plus épouvantables épidémies qu'on ait vues régner dans une ville, depuis que la peste a cessé de ravager l'Europe.

Pour compléter le tableau des inquiétudes des défenseurs de Dantzig à cette époque, nous dirons que, nonobstant les pompeux articles du *Moniteur* sur les approvisionnements dont la place était censée abondamment pourvue, on manquait presque entièrement de bestiaux, de fourrages, de riz, de légumes secs, de viande salée, d'eau-de-vie et de sel. Tout ce qu'on avait possédé dans la place avait été envoyé à la grande armée, et abandonné dans les magasins qui tombèrent au pouvoir de l'ennemi.

Pour suppléer à cette disette, autant au moins qu'il était possible, on résolut d'occuper les faubourgs et le terrain compris entre plusieurs villages, dont quelques-uns s'étendaient jusqu'à plus d'une lieue de la place. Par cette occupation on se ménageait les ressources qui existaient chez les habitants de ces campagnes, et les produits, surtout dans la belle saison, des terres enclavées dans la ligne des avant-postes. La ligne gardée par les assiégés n'avait pas une étendue de moins de six lieues.

L'ennemi, pendant les mois de janvier et de février, tenta plusieurs fois de resserrer plus étroitement les assiégés. Ses attaques furent soutenues avec des chances variées. Dans l'une d'elles, un colonel de la confédération se laissa surprendre dans un ravin, et perdit les deux tiers de son monde. Les assiégés surent cependant se maintenir dans leurs positions avancées.

Au commencement de mars, la maladie contagieuse qui décimait les troupes et avait atteint les habitants, était à son plus haut degré d'intensité; 200 hommes de la garnison périssaient chaque jour. Deux généraux et un grand nombre d'officiers avaient grossi le nombre des victimes. La ville n'était plus qu'un vaste hôpital. Les scènes de découragement de la retraite de Russie se produisirent sous une autre forme. Des hommes qui avaient résisté à la première épreuve succombaient à celle-ci. Le spectacle plus concentré des souffrances et de la mort des victimes, parmi lesquelles on comptait souvent ses camarades et ses amis les plus intimes, l'alternative d'un pareil sort ou d'une longue et cruelle captivité, agitaient puissamment les imaginations, celles surtout des Français et des Italiens, plus faciles à s'exalter, et plus impressionnées par la différence des climats. Bon nombre de ceux qui étaient entrés isolément dans la place s'étaient jetés dans des maisons, où ils avaient apporté le germe de la fièvre nerveuse. Ils n'en sortaient que pour être jetés inconnus dans des trous pratiqués dans la glace. Cependant de justes plaintes éclataient : on fut étonné de ne pas voir le gouverneur imiter de nobles exemples donnés dans des occasions semblables, et visiter les hôpitaux, ou du moins ne le faire que fort tard. Un pareil exemple eût forcé les autres chefs à prendre des soins qui ne sont pas moins dignes d'éloges que les traits de courage sur les champs de bataille. Il y eut des négligences commises surtout à l'égard des hommes qui étaient répandus dans les maisons, mais aussi de louables exceptions. On remarqua que les soldats de l'artillerie et du génie étaient en général mieux soignés, et subissaient une mortalité moins grande que les autres troupes (1).

(1) Des nobles exemples que peuvent donner les hommes revêtus d'un haut pouvoir, le dévouement à ses semblables est le plus sublime. Le christianisme seul l'inspire sans motifs humains, et alors il devient, en quelque sorte, une mission divine. Certes, Alexandre ne pensait pas au jugement de la postérité, lorsque, arrivant à Wilna pendant l'épidémie qui, du couvent de Saint-Bazile, où étaient entassés les prisonniers

Si un pareil état de choses eût duré quelques semaines encore, c'en était fait de l'armée et des murs qu'elle défendait. Heureusement le printemps fut aussi précoce que l'avait été l'hiver, et les premiers rayons de soleil de cette saison amenèrent une amélioration notable dans l'état sanitaire de la garnison.

Ce fut au moment où cette transformation allait s'opérer, que l'ennemi, ayant reçu de nombreux renforts, particulièrement par l'arrivée du corps qui bloquait Pillaw, après la reddition de cette place, tenta dans la nuit du 4 au 5 mars une attaque générale : il la fit avec beaucoup de vigueur, en peu de temps s'empara des faubourgs,

malades, s'était répandue dans la ville et l'armée russe, il osa pénétrer dans ce cloaque infect, où gisaient morts et mourants, sans feu, sans eau, sans vêtements, sans secours. L'empereur vint ordonner lui-même les mesures d'organisation, dont on n'avait pu s'occuper encore au milieu de l'effroyable désordre qui régnait dans cette ville. Alexandre mit alors le sceau de l'immortalité sur le brevet de civilisation que Pierre le Grand avait donné à la maison souveraine de Russie.

Lorsque le choléra ravageait l'Italie en 1832, et qu'une partie de cette belle contrée était en proie au désordre et au découragement, Charles-Albert, aussitôt que le fléau pénètre dans ses États, va visiter les villes où il sévit avec le plus de force, et donne à chacun l'exemple du devoir et du dévouement; et le grenadier du Trocadero, par ce sublime début dans l'exercice de sa souveraineté, écrit la première et la plus belle page d'un règne qu'illustreront ensuite la sagesse et l'habileté de son gouvernement.

et vint faire le coup de fusil jusque sur les glacis. Son espoir avait été évidemment de prendre la place de vive force, croyant n'avoir à combattre que des hommes exténués par les souffrances et découragés; mais il n'est position si désespérée où le Français ne retrouve toute son énergie à l'odeur de la poudre. On ne put mettre dans cette affaire que 4,000 hommes sous les armes; tous se multiplièrent par leur courage. On vit des hommes sortir de leur lit, et venir faire le coup de fusil en capote d'hôpital. Après une vive résistance, les faubourgs furent repris et les assaillants forcés de quitter les positions dont ils s'étaient emparés, en abandonnant beaucoup de morts, de blessés, près de 500 prisonniers et de l'artillerie. Les Polonais prirent une part glorieuse à cette affaire. Le 6e régiment napolitain enleva à la baïonnette une des positions de l'ennemi. Le 113e régiment, formé de Piémontais, soutint dans cette occasion, comme dans toutes celles qui s'offrirent à lui pendant le siége, la belle réputation de bravoure des troupes de cette nation.

L'ennemi, étourdi de cette leçon, se tint tranquille pendant le reste du mois de mars, et ce fut la garnison qui prit à son tour l'initiative du combat. Le 25 mars, elle fit une sortie générale, tua beaucoup de monde aux assiégeants, fit 250 prisonniers, et ramena beaucoup de bestiaux, ce qui lui était beaucoup plus utile.

Le froid continuait à diminuer d'intensité; les

maladies, qui, à la fin de mars, retenaient encore 1,800 hommes aux hôpitaux, décroissaient toujours, et le mois d'avril les vit cesser presque totalement. Ce fut parmi les officiers et dans les familles les plus distinguées de la ville que l'épidémie fit le plus de ravages à son déclin. Mais ce fléau n'avait pas encore disparu, qu'on en vit paraître un autre qui mit la place dans le plus grand danger. Un dégel subit causa une énorme débâcle de glaces, qui fit les plus grands dégâts dans les fortifications. Une crue considérable de la Vistule, dont il n'y avait pas eu d'exemple depuis un demi-siècle, fit déborder le fleuve sur les deux rives, et rompre ses digues en plusieurs endroits. Des écluses furent détruites, et d'immenses dégradations eurent lieu sur plusieurs points de la place et des forts. Les postes des assiégés dans le Nehrung et le Werder, vastes plaines coupées de fossés et couvertes par l'inondation sur les deux rives de la Vistule, furent surpris par les eaux et périrent presque tous. Le plus grand de tous ces désastres fut la rupture de l'un des grands batardeaux qui soutenaient les inondations, seule défense de la place sur une grande partie de son pourtour. Par cette énorme brèche les eaux s'écoulaient à grands flots, et les assiégés se voyaient près de n'être défendus sur ces points que par de faibles remparts de terre n'ayant que la valeur de fortifications de campagne, susceptibles par conséquent d'être enlevés d'assaut. Chaque heure qui s'écoulait rendait le danger plus imminent. Le talent et l'activité des officiers du génie surent bien employer le peu de temps que la nature du mal accordait. Tout fut promptement réparé par des efforts inouïs, dont le succès avait paru douteux à bien du monde. Tous les autres dégâts furent aussi réparés; et à la fin d'avril la place, quoique bien loin du degré de force désirable, était en état de soutenir un siége régulier. Mais la période de cette belle défense de Dantzig, où le siége devait commencer, n'était pas arrivée. Quatre mois devaient encore s'écouler, pendant lesquels le corps du génie ajouta une grande force aux fortifications; et la garnison entière fit une glorieuse campagne en livrant de nombreux combats, quelquefois à une grande distance de la place. Nous allons retracer les principaux.

Les premiers jours de mai furent signalés par une brillante sortie, devenue nécessaire pour se procurer les fourrages et les bestiaux, qui commençaient à manquer. Les troupes, commandées par le général Bachelu, qui dirigea cette expédition avec beaucoup d'habileté, s'emparèrent des positions de l'ennemi entre la mer et la Vistule. On s'y maintint pendant cinq jours, et l'on battit la campagne à plus de huit lieues de la place. On tua beaucoup de monde à l'ennemi; on lui fit 300 prisonniers, et l'on ramena plus de 1,000 têtes de bétail, ainsi qu'une grande quantité de fourrage. Depuis deux mois, la garnison ne vivait que de chair de cheval; il en fut de même jusqu'à la fin du siége.

Le petit nombre de marins qu'on avait à Dantzig fut très-utile dans cette brillante sortie. Il allait exploiter les fermes nombreuses qu'on voyait sortir comme des îlots, au milieu de l'inondation qui s'étendait comme un lac jusqu'à dix lieues de la place. Quelquefois des postes ennemis défendaient ces maisons. Il fallait faire le coup de fusil pour les en chasser, avant de s'emparer des fourrages qui étaient dans les greniers. Ce genre de petite guerre se renouvela souvent, et ce fut de cette manière que les sapeurs du génie s'emparèrent des moulins, qui furent remontés dans la ville en y adaptant des manéges.

L'humanité voulait que le bétail nouvellement rentré dans la place ne servît qu'aux hôpitaux. Les ordres furent ainsi donnés; mais la vérité oblige de dire qu'ils ne furent pas strictement exécutés. Les chefs, dont la plupart donnèrent toujours l'exemple du dévouement sur les champs de bataille, ne surent pas le donner pour les privations. Tout le monde sut que plusieurs tables, et notamment celle du gouverneur, ne cessaient d'être abondamment pourvues, et les privations n'en parurent que plus dures à ceux qui n'étaient pas les privilégiés (1).

(1) Le maréchal de Boufflers, né au milieu des jouissances du luxe, n'agit pas ainsi dans une circonstance célèbre. Il avait déployé au camp de Compiègne, que Louis XIV or-

Le dixième corps, renforcé à cette époque des hommes qui avaient survécu aux atteintes de la fièvre nerveuse, pouvait opposer à l'ennemi une force de 13,000 combattants : ce n'était guère plus du tiers de ce qu'il aurait fallu pour défendre une aussi grande place ; mais c'était un corps d'élite, éprouvé qu'il était par une foule de fatigues, de fléaux, de privations et de combats. Cette diversité de débris de régiments, de nations et de langage, loin d'être nuisible à l'ensemble, excitait une noble rivalité qui portait chacun, en toute occasion, à faire plus que son devoir.

Pour réprimer les attaques journalières des assiégeants et faciliter les moyens de faire un grand fourrage, on résolut une sortie générale. C'était peut-être prodiguer ses forces, et livrer inutilement une grande bataille. Elle eut lieu le 9 juin. Le gouverneur, dont la bravoure brillante produisait un effet moral très-puissant sur les troupes quand il la déployait dans une charge, et qu'on avait vu quelquefois s'exposer comme un soldat aux avant-postes, inspirait moins de confiance comme tacticien. Il y eut de l'hésitation dans les ordres ; les Russes se défendirent avec vigueur, et ne bronchèrent pas devant la formi-

donna en 1698 pour l'instruction du duc de Bourgogne son petit-fils, un luxe digne de la présence de son royal élève. Au fameux siége de Lille en 1708, par le prince Eugène, il donna à la garnison l'exemple des privations, et ne faisait servir sur sa table que de la chair de cheval.

dable artillerie qu'on déploya dès le commencement de l'action. Les nombreux tirailleurs qu'on lança sur eux ne les ébranlèrent pas davantage. En vain on fit successivement appuyer ces troupes légères par des bataillons nouveaux ; on se tua beaucoup de monde de part et d'autre, et chacun garda ses positions. On eut d'autant plus à regretter cette affaire inutile, qu'au moment où l'on versait tant de sang sans résultat, une suspension d'armes existait entre les puissances belligérantes. Le soir même de ce combat, arriva un officier d'ordonnance de l'Empereur, porteur de la nouvelle de l'armistice. Il avait été arrêté que les garnisons des places assiégées recevraient chaque jour en munitions de bouche ce qui serait nécessaire pour leur consommation. Une pareille clause était difficile à exécuter ponctuellement. Il devait nécessairement s'élever des contestations entre les deux parties, sur la force des corps assiégés. Les gouverneurs ou commandants des places avaient intérêt à exagérer le nombre de leurs combattants, soit afin d'obtenir plus de vivres, soit pour imposer à l'ennemi l'idée d'une force plus considérable. Les généraux des troupes alliées devaient être en méfiance contre ce charlatanisme de guerre. Dans l'organisation de la grande armée en 1812, une des divisions d'infanterie n'avait jamais existé que nominativement. Napoléon, qui avait des états de la force des garnisons bloquées, aurait dû prévoir les discussions qui eurent lieu sans doute pour chaque place, et stipuler pour chacune la quantité de vivres qui lui serait fournie. Il y eût eu sans doute dans cette fixation un peu d'arbitraire; mais ce vague eût été moins fâcheux que les discussions qui purent aller jusqu'à la rupture de l'armistice, comme cela eut lieu à Dantzig. La garnison de cette place ne reçut en totalité que les deux tiers de ce qui aurait dû lui revenir. Ainsi l'armistice sous ce rapport, n'eut pas lieu pour elle; il eut néanmoins des avantages que nous allons énumérer.

Le repos qui résulta de la suspension des hostilités acheva la guérison des maladies contagieuses, et permit aux hommes valides de se reposer des fatigues extraordinaires que l'état de guerre leur imposait. On put faire, sans hostilités, la récolte des fourrages sur la vaste étendue de terrain comprise dans la ligne des avant-postes; et ce fut une précieuse ressource à laquelle rien n'aurait pu suppléer pour la nourriture des chevaux de l'artillerie, de la cavalerie, des charrois militaires et des moulins à manége, chevaux qui, au fur et à mesure qu'ils devenaient hors d'état de servir, passaient à la boucherie.

Enfin, pendant ce temps de repos et de belle saison, on amena les travaux de fortifications au point convenable pour mettre la place en état de soutenir un siége régulier.

Il est vrai que, de leur côté, les assiégeants mirent le temps à profit pour se préparer à ce siége.

Ils rassemblèrent des approvisionnements considérables, et firent quelques retranchements éloignés.

La reprise des hostilités devait avoir lieu le 26 août, suivant l'armistice, si la paix n'était faite. Les assiégés, jugeant que l'inexactitude dans la livraison des vivres maintenait à leur égard un état d'hostilité, se décidèrent à devancer le terme prévu. Ils dénoncèrent la reprise des hostilités pour le 20 juillet, et quelques escarmouches eurent lieu à cette dernière époque; mais, sur une nouvelle proposition des assiégeants, de recommencer la livraison des vivres, les hostilités furent de nouveau suspendues, pour ne reprendre qu'à la rupture générale de l'armistice, le 16 août. Des dépêches du major-général de la grande armée arrivèrent le 3 août; un officier russe en était chargé. Il était extraordinaire qu'on n'eût pas envoyé un officier français pour apporter des nouvelles et des instructions qui sont toujours un besoin pour le commandant d'une place assiégée, et pour vérifier l'exacte exécution des conditions de la suspension d'armes. Nous relatons cette circonstance comme propre à indiquer que, dans l'exécution comme dans la fixation des articles de l'armistice, Napoléon fut loin d'avoir ses mouvements libres. L'Autriche, avant comme pendant les négociations, pesa de toute sa force dans la balance des destinées de l'Europe.

Lorsqu'à la reprise des hostilités, on sut à

Dantzig que cette puissance s'était alliée avec les Russes et les Prussiens, le bon sens général, malgré les efforts du gouverneur pour rassurer les esprits, préjugea une issue funeste à la lutte qui s'ouvrait de nouveau. On n'en fut pas ébranlé cependant; chacun n'en resta pas moins décidé à faire son devoir, et à contribuer de tous ses efforts à conserver Dantzig à la France jusqu'au 1er mai suivant, époque que Napoléon avait assignée au gouverneur dans les instructions envoyées pendant l'armistice, comme devant être le but de tous ses efforts. On voit par cette injonction quelles étaient les espérances de ce grand capitaine après la bataille de Bautzen. Les négociations de Prague auraient dû les détruire; mais cet homme semblait toujours entraîné par le destin. En quittant Smolensk, il avait dit : « Je ne sais quelle fatalité m'entraîne à Moscow. » En rompant les conférences de Prague, il s'écria : « Ou César, ou rien. »

On va commencer le récit d'une nouvelle période de cette campagne d'un an, si mémorable pour le dixième corps. Le siége proprement dit de la place est entrepris par l'armée, qui jusque-là s'était bornée à un blocus souvent forcé par la garnison, comme on l'a vu dans ce qui précède. La force de l'armée assiégeante avait été augmentée. Dès cette époque jusqu'à la fin du siége, elle se maintint entre 50 et 60 mille hommes, Russes et Prussiens. Elle fut commandée par S. A. R. le duc de Wurtemberg, oncle de l'empereur Alexandre. Ses premières opérations durent avoir pour but de resserrer les assiégés dans des limites plus restreintes, qui permissent d'ouvrir la tranchée à une distance rapprochée de la place. Plusieurs attaques rendirent l'ennemi maître de quelques points importants. Le 29 août, les assiégés firent une sortie considérable, dans laquelle ils reprirent ces positions; et, poursuivant leurs succès, ils s'emparèrent aussi de plusieurs redoutes des assiégeants; mais le 2 septembre ceux-ci prirent une forte revanche. Profitant de la connaissance qu'ils avaient du caractère personnel du gouverneur, ils jugèrent qu'en se rendant maîtres d'une maison de campagne à laquelle il avait quelques raisons d'attacher une affection particulière, ils attireraient tous ses efforts de ce côté. A six heures du soir ils mirent le feu à cette maison, et le gouverneur dirigea effectivement sur ce point toutes les troupes disponibles dans ce premier moment de surprise. A la faveur de cette fausse attaque, l'ennemi en dirigea une plus sérieuse sur des points plus importants, et il s'empara entre autres du village de Langfurht, qui était la position la plus avancée des assiégés, et qui depuis cette époque resta en son pouvoir. Deux maisons avaient été crénelées et palissadées, pour servir de retranchement à deux compagnies qui étaient postées dans ce village. Surprises par des forces considérables, elles se jetèrent dans ces retranchements, et bientôt se trouvèrent au milieu de l'incendie des maisons environnantes, auxquelles les Russes avaient mis le feu. La nuit étant venue, on crut, sur quelques faux indices, que les maisons crénelées avaient été abandonnées, et que la garnison de Langfurht, entièrement coupée, avait été massacrée ou prise. Le combat ayant cessé partout avec le jour, on ne jugea pas à propos de faire de nouveaux efforts pour s'en mieux assurer. Cependant des coups de fusil tirés pendant la nuit firent présumer qu'il pouvait y avoir encore quelques hommes qui se défendaient. A la pointe du jour, on dirigea des troupes de ce côté. A leur vue, les braves qui effectivement défendaient encore les maisons crénelées en ouvrirent les portes, se firent jour à travers l'ennemi qui les environnait, et vinrent se jeter au milieu des leurs, en laissant toutefois bon nombre d'hommes sur le carreau. Ce fut une joie pour toute la garnison que le retour inespéré de cette poignée de braves que la veille au soir on avait abandonnés à regret. Qu'on se figure, s'il est possible, l'affreuse position de ces hommes au milieu des flammes, sans vivres, sans boisson, entourés pendant toute une nuit de milliers d'ennemis qui renouvelaient à chaque instant leurs tentatives soit pour les prendre d'assaut, soit pour les incendier, sommés cent fois de se rendre sous peine d'être tous passés au fil de l'épée, écartant à coups de fusil les plus audacieux qui s'acharnaient aux palissades! Le feu de l'ennemi était encore moins redoutable pour eux que l'incendie des maisons environnantes; la chaleur en était si forte, qu'à chaque instant ils devaient changer de place les cartouches dont ils étaient amplement approvisionnés, pour éviter une explosion qui eût tout fait sauter. Ils ne purent préserver les maisons même qu'ils occupaient qu'en abattant les toitures. Partie des leurs gisaient à côté d'eux, torturés par leurs blessures, et réclamant des secours qu'on ne pouvait leur accorder. Ce fut principalement des Bavarois qui eurent l'honneur de cette belle défense; quelques Napolitains y prirent part. Tous n'en sortirent qu'en passant sur le corps de la foule d'ennemis qui étaient tombés sous leurs coups.

Ces attaques des assiégeants avaient pour but, comme nous l'avons dit, de chasser les assiégés des positions avancées qu'ils occupaient, afin de pouvoir commencer le siége, et ouvrir la tranchée à la distance ordinaire où se fait cette opération; mais le génie proposa de déjouer ce projet en jetant en avant des fronts attaquables, des ouvrages de campagne assez forts pour nécessiter eux-mêmes les opérations d'un siége, et disposés de manière à battre de flanc les cheminements que l'assiégeant aurait à faire pour arriver jusqu'à la place. C'était une entreprise immense et hardie, devant un ennemi nombreux qui avait déjà resserré les assiégés. Elle fut heureusement exécutée, grâce à l'activité et au courage des troupes, grâce aussi au dévouement des chefs, qui ne reculèrent jamais devant ces entreprises dont l'idée et l'honneur leur étaient tout à fait étrangers. Bientôt les fronts attaquables de la place se trouvèrent devancés par une ligne d'ouvrages détachés si bien construits et si bien défendus, que l'ennemi fut forcé de diriger contre eux des attaques régulières qu'il conduisit avec beaucoup d'habileté, et cependant avec toute la circonspection que devait lui inspirer l'estime qu'il faisait de la bravoure de la garnison.

Les attaques furent dirigées d'abord sur les fronts d'Oliva, rapprochés de la Vistule. C'était là le côté faible de la place, avait dit le général Kirgener, qui avait dirigé en partie le siége de Dantzig en 1807, dans une relation imprimée de ce siége; et c'était, suivant lui, le côté par lequel aurait dû être attaquée la place à cette époque; mais ce qui était vrai en 1807 ne l'était plus en 1813. Les fortifications construites depuis cette époque le long de la Vistule, pour lier Dantzig au fort de Weichselmünde, prenaient à revers, en 1813, les attaques conduites contre les fronts d'Oliva, voisins de ce fleuve. Le colonel prussien qui les dirigeait était le même officier qui commandait le génie de la place en 1807. Induit en erreur peut-être par l'opinion du général Kirgener, il ne put être longtemps à reconnaître sa faute. Vers la mi-octobre, les assiégeants changèrent leur point d'attaque, se bornant à contenir les assiégés sur les fronts d'Oliva. Ils en vinrent à l'attaque des forts sur les hauteurs du Bichofsberg, ou plutôt des ouvrages que les assiégés avaient jetés en avant.

En agrandissant le cercle sur lequel les assiégeants devaient établir leurs attaques, on les obligeait à un développement de tranchées considérable, pour pouvoir embrasser les fronts qui étaient l'objet de leurs attaques, et à l'emploi d'une immense quantité d'artillerie. Trois cents pièces furent mises en batterie pendant la durée du siége. Ce n'est pas plus qu'on en déploie dans une bataille du premier ordre.

Toute cette artillerie devait consommer une quantité considérable de munitions, qui furent presque entièrement fournies par les Anglais. Tout, jusqu'aux plates-formes des batteries avec leurs plus menus accessoires, arriva des ports de l'Angleterre, qui fournirent aussi deux cents pièces de gros calibre, et des milliers de fusées à la Congrève. Quelques compagnies anglaises furent débarquées pour aider au service de cette artillerie. Une nombreuse flottille, soutenue par une escadre légère, bloqua de bonne heure le port de Weichselmünde, et dirigea souvent, contre la forteresse qui le défend, un feu violent. Plus de cent chaloupes canonnières ou bombardes portaient des pièces de 24 et de 36, et des mortiers. Quarante voiles, frégates, bricks et cutters, composaient la croisière proprement dite.

Ce fut le 16 septembre qu'eut lieu la plus violente des attaques par mer. Vingt mille bombes, boulets ou obus furent lancés, en quelques heures, sur le fort de Weichselmünde et le camp retranché de Fahrwaser, qui défendent l'entrée de la Vistule; mais les batteries des assiégés étaient bien couvertes et bien servies; elles coulèrent plusieurs canonnières, et force fut à l'ennemi de renoncer à son dessein, qui était sans doute de faire avancer ses colonnes d'infanterie sur le camp retranché, pour le prendre d'assaut après qu'il en eût eu ruiné les batteries. L'occupation de l'embouchure de la Vistule gênait beaucoup les assiégeants, en ce qu'elle séparait leur armée en deux parties, qui ne pouvaient communiquer entre elles qu'à travers une immense inondation. L'ennemi aurait dû chercher, dès le commencement du blocus, à s'emparer de Fahrwaser, qui était alors dans un grand état d'imperfection.

Un mois de siége s'était déjà écoulé, et les travaux des assiégeants ne les avaient que bien peu rapprochés de la place. Ils se déterminèrent à un bombardement, pour lequel ils accumulèrent des moyens immenses. L'effet répondit à ces préparatifs. Pendant plus de six semaines, on vit continuellement bombes, boulets rouges et fusées à la Congrève fendre l'air jour et nuit. Tous les quartiers de la ville en furent inondés, mais ceux surtout où étaient accumulés les magasins immenses des bois et des grains, dont les négociants de Dantzig font un grand commerce. L'auteur de ce récit, accompagnant un jour le général commandant du génie, compta avec lui plus de 1,500 fusées incendiaires lancées dans l'espace de deux heures. On peut juger quel dommage un tel bombardement causa aux habitants de Dantzig; des quartiers entiers furent totalement détruits.

Mais ces moyens n'accéléraient pas assez la ruine des magasins, sur l'existence desquels la garnison fondait toute son existence. Les assiégeants se décidèrent à faire, pendant la nuit du 1er novembre, un effort qui surpassât tous les autres. Une attaque générale eut lieu sur tous les points; il fallut y porter toutes les troupes. Pendant ce temps, l'ennemi redoubla de fureur dans le bombardement, qu'il concentra tout entier sur l'île formée par les deux bras de la Motlau. Sur ce point était rassemblée une grande quantité de chantiers et de magasins de blés. On avait saisi tous les approvisionnements des magasins des négociants; mais, au lieu de les disséminer dans de bons bâtiments en pierre, comme les églises ou autres édifices de ce genre, on les avait, avec une imprévoyance inconcevable, laissés entassés dans les magasins de l'île, vastes bâtiments de sept à huit étages, construits partie en bois, faciles à incendier et à être allumés les uns par les autres. L'ennemi profita de cette faute, et dirigea, cette nuit, son feu sur cet amas de bâtiments. Ce ne fut bientôt qu'un vaste foyer d'où s'élançaient des charbons étincelants que le vent portait sur tous les quartiers de la ville; le feu prit dans plusieurs. Les habitants éperdus étaient tous hors de leurs maisons, ne sachant sur quel point porter les secours. Un sénateur de Dantzig, chargé spécialement de la direction des pompes, fut tué par un éclat de bombe, en marchant courageusement au milieu des flammes. Ce fut bientôt un découragement et un désespoir inexprimables parmi les habitants. Le peu de troupes qu'on avait laissées dans l'intérieur n'arrêta cet embrasement, qui menaçait de détruire la ville entière, qu'en abattant plusieurs maisons, et en faisant une large part au feu. Le théâtre de ces travaux était un véritable champ de bataille, non-seulement par les écroulements, suite du feu et de démolitions aussi précipitées, mais aussi par la grêle de bombes, d'obus et de boulets rouges que l'ennemi lançait avec fureur sur le foyer des incendies, afin de paralyser les secours qu'on y portait. La violence du vent formait d'immenses tourbillons de flammes, animés par un bruit horrible qui semblait celui d'un volcan.

Au dehors, on se battait comme en plein jour à la lueur de cet effroyable incendie; et rien ne demeura caché des exploits des assiégés, qui, attaqués sur tous les points à la fois, se défendirent avec un courage admirable, et conservèrent ou reprirent toutes leurs positions. On y perdit le brave général Breissan, gendre de Desaix.

L'affreuse détresse des habitants, dont les personnes et les propriétés étaient à la fois exposées aux projectiles de l'ennemi et aux désastres des incendies, les cris de détresse des femmes et des enfants, et le sombre désespoir des hommes, rendirent le spectacle de cette nuit plus horrible que celui de l'incendie de Moscou. Celui-ci, au moins, n'offrait pas la victime à côté du malheur.

Cent trente-deux magasins de sept à huit étages, renfermant, outre les grains, les meubles et les objets les plus précieux des habitants, qui les y avaient transportés comme au lieu le plus éloigné des batteries ennemies, furent incendiés pendant cette nuit. Beaucoup d'autres avaient été détruits dans les incendies précédents. Tout ce qui appartenait à l'artillerie fut préservé par ses soins prévoyants.

Quelle ne fut pas la stupeur de la garnison le jour qui suivit cette nuit fatale, lorsqu'on en vint à calculer les pertes qu'on avait faites! Presque tous les hôpitaux et les casernes n'étaient plus qu'un monceau de ruines. D'immenses approvisionnements, destinés aux armées, étaient devenus la proie des flammes. On s'en fera une idée par la seule quantité d'effets d'habillement qui pouvaient servir à équiper une armée de 100,000 hommes.

Mais la perte la plus sensible était celle des grains. Désormais, un terme était assigné à cette belle défense qu'on s'était flatté de prolonger jusqu'à la paix, ou jusqu'au retour des armées françaises. Désormais, chaque homme de cette armée n'avait plus en perspective que l'esclavage ou la mort. Il fallut réduire la ration, et imposer aux troupes de nouvelles privations au moment où la mauvaise saison, le surcroît des fatigues, et les maladies qui commençaient à renaître, auraient demandé au contraire une amélioration dans le régime du soldat.

Il était important de faire connaître à l'Empereur ce dernier désastre, qui devait abréger la résistance de Dantzig, et rendre prochainement disponible contre lui l'armée de 60,000 hommes qui assiégeait cette place. Il n'était pas possible de communiquer par terre; on tenta la voie de mer par le Danemark. Échapper à la station anglo-russe et à la surveillance de la Suède était une entreprise hardie et difficile; on en chargea un aide de camp du gouverneur, qui s'acquitta de sa commission avec intelligence, et non sans avoir couru les plus grands dangers. Cependant, il n'alla qu'à Copenhague, et ne put parvenir en France (1).

(1) Des espions expédiés par terre ne furent pas plus heureux; mais ce que le dévouement au devoir, le désir de se signaler, l'amour de l'or, ne purent accomplir, l'amour filial parvint à le faire. Il existait dans les cuisines du gouverneur un Alsacien qui n'était connu que par son extrême pusillanimité. En proie aux plus vives inquiétudes sur l'état de sa mère, qu'il savait plongée dans la plus profonde misère, il offrit de se charger d'une mission qui présentait tous les dangers attachés à l'espionnage, mais qui le rapprochait de celle qui était l'objet de sa sollicitude. Il s'en acquitta avec intelli-

Les fâcheux événements qui venaient de se passer à Dantzig coïncidaient malheureusement avec la nouvelle des désastres de l'armée française en Allemagne; on faisait ce qu'on pouvait pour en arrêter la circulation. Le système d'exagération dans les nouvelles favorables, que le gouverneur avait adopté dès le commencement du blocus pour soutenir les esprits, ne rendit ceux-ci que plus disposés à croire aux événements désastreux, quand il ne fut plus possible de déguiser la vérité. D'ailleurs, les assiégeants et les habitants eux-mêmes, qui ne voyaient un terme à leurs malheurs que dans la reddition de la place, étaient trop intéressés à propager ces nouvelles pour qu'elles restassent ignorées. Bientôt elles devinrent en quelque sorte officielles pour les chefs des troupes allemandes, dont les souverains avaient adhéré à l'alliance contre la France. Il n'était plus possible de mettre ces troupes aux avant-postes. On s'entendit à ce sujet avec les chefs des Bavarois et autres troupes allemandes, qui montrèrent dans cette position difficile autant d'honneur que de délicatesse, et surent, ainsi que leurs officiers, concilier ce qu'ils devaient à d'anciens frères d'armes, avec ce qu'ils savaient des résolutions de leurs gouvernements (1). On confia à ces trou-

gence et courage, et remit ses dépêches à l'Empereur. (Mémoires tirés des papiers d'un homme d'État, par le comte d'Allonville.)

(1) Le colonel Butler, commandant les Bavarois, était cité

pes les postes de l'intérieur de la place; et dans ce service comme dans celui des avant-postes, où leur bravoure avait toujours été à toute épreuve, ils restèrent encore chers aux Français.

Les Polonais, dont la valeur avait été au-dessus de tout éloge depuis le commencement du siége, souffraient plus que tous les autres de la diminution de la ration; les Russes cherchaient à les ébranler et à les diviser, par des proclamations qui tendaient à leur faire envisager leurs intérêts comme à jamais séparés de la cause française. Il ne fut plus possible, par cette raison, de les mettre aux avant-postes.

Il faut le dire cependant: il n'y eut que des désertions partielles, et presque entièrement parmi les troupes des petits États allemands de la confédération. Aucun poste ne fut livré: les troupes alliées de la garnison ne cessèrent de montrer aux Français cette sympathie qui naît de la communauté de gloire et de malheur, et qu'inspire peut-être le caractère expansif et généreux du soldat français.

Le service le plus pénible fut donc confié aux Français, qui, chaque jour, y perdaient du monde et revenaient exténués de fatigue.

La disette augmentait toujours, et depuis cinq mois la solde avait cessé d'être payée. Les légu-

dans la garnison comme un modèle de tous les sentiments chevaleresques. Ses officiers et ses soldats se montrèrent constamment dignes d'un tel chef.

mes secs, les viandes salées, le vin, l'eau-de-vie, le sel, manquaient. La ration de viande se réduisait à une once de cheval étique. Les plus industrieux y suppléaient par la chasse des animaux les plus immondes. On a calculé que 29,000 chiens ou chats furent mangés pendant le siége. Le pain coûtait alors 4 francs la livre, la graisse de suif 6 francs, le sel 11 francs, etc.

Un nouveau débordement de la Vistule plus terrible que le premier, et causé par la fonte des neiges des monts Krapaks, vint, dès le commencement de septembre, causer de nouveaux ravages aux fortifications, aux ponts, aux écluses et aux voies de communication. Parler des nouveaux efforts des ingénieurs pour porter remède à ces maux, serait répéter ce que nous avons déjà dit à ce sujet de la première inondation. Plusieurs barques montées par des hommes de la garnison périrent en cherchant à sauver des paysans dans l'inondation. Les eaux amenèrent une grande quantité de poissons, qui furent une ressource temporaire pour la garnison.

Au milieu de tous ces désastres, le courage ne faisait pas faute, toutes les fois qu'il fallait combattre. Les environs de la place étaient défendus avec acharnement dans des affaires journalières. Dans l'impossibilité de citer tous les faits de cette défense mémorable, nous nous bornerons à dire quelques mots de la défense d'Ohra. C'est un faubourg qui s'étend à une demi-lieue de la place;

sa gauche était défendue par l'inondation; on avait flanqué sa droite de trois redoutes en terre. Ce faubourg, par sa position avancée, gênait beaucoup la marche des travaux des assiégeants, et il était indispensable pour eux de s'en emparer. Aussi y réunit-il tous ses moyens. Repoussé fréquemment dans les assauts meurtriers qu'il y livra, il se vit forcé à lui faire les honneurs d'un siége en règle. La résistance fut comparable à celle de Saragosse. On se défendit pied à pied, de maison en maison, et par des retranchements successifs, improvisés sous un feu continuel et épouvantable d'artillerie. Les trois redoutes furent constamment battues pendant plus d'un mois par plus de 60 bouches à feu, et furent inondées de bombes. Elles n'étaient plus à la fin que des monceaux informes de terre qui gardaient à peine l'apparence de fortifications, et leurs parapets criblés renfermaient autant de boulets que de terre. L'un de ces projectiles emporta la tête du commandant du génie Richaud.

La plus avancée de ces redoutes fut enlevée le 1er novembre par l'ennemi, qui ne la conserva que quelques minutes; elle fut reprise à la baïonnette par la compagnie infernale.

Il faut dire ce qu'était cette compagnie. Un des moyens employés ordinairement pour prolonger un siége, et retarder les attaques de l'assiégeant, est de l'inquiéter continuellement par des sorties qui ont pour but de le fatiguer, de le tenir continuellement en alerte, et quelquefois de détruire ses ouvrages. La garnison de Dantzig était réduite à un trop petit nombre d'hommes, elle était trop accablée de service, pour qu'on pût lui faire renouveler souvent ces attaques imprévues qui se font ordinairement de nuit. On imagina, pour remplir ce but, de former une compagnie de cent volontaires pris dans les différents corps français. L'état de pénurie où l'on était, l'absence totale de relations avec la France, ne donnaient à ces hommes aucun espoir de récompense autre que les acclamations de leurs camarades, à chacun des faits d'armes par lesquels ils se signalaient. Tantôt ils se jetaient dans une batterie ennemie, en enclouaient les pièces, après avoir passé par les armes tout ce qui se trouvait sous leur main; tantôt ils allaient par mer, se dérobant à la station, se jeter sur les derrières d'un des camps ennemis, le traversaient, et rentraient dans la place, après avoir fait prendre les armes à une partie de l'armée assiégeante. Ces coups de main se faisaient de nuit, sans calculer la force de l'ennemi, et avec une audace fabuleuse. Le corps d'armée baptisa cette poignée de braves du nom de compagnie infernale.

Ce ne fut que lorsque le faubourg d'Ohra eut été enveloppé de tranchées qui permettaient à l'ennemi de déboucher instantanément, à portée de pistolet, avec des forces considérables, qu'on résolut d'y mettre le feu et de l'abandonner. La garnison était alors si peu nombreuse, qu'on aurait eu peine à consacrer une réserve de 400 hommes à soutenir la retraite de quelques centaines de braves qui défendaient ces maisons.

Cependant tant d'efforts pour n'arriver pour ainsi dire qu'aux préliminaires d'un siége, s'ils épuisaient les forces des assiégés, n'étaient pas sans fatigues et sans des sacrifices énormes de la part des assiégeants. Ils renouvelaient incessamment des propositions de capitulation, faisant valoir l'inutilité de tant de sang versé pour une cause définitivement perdue, en Allemagne au moins.

A la fin de novembre, le gouverneur général, voyant les dangers qui s'étaient présentés l'hiver précédent se renouveler par la formation des glaces, et s'accroître par la défection probable des troupes étrangères, que les nouveaux événements détachaient de l'alliance française ; voyant aussi s'approcher le terme où le manque total de vivres ne permettrait plus de prolonger la défense, consulta le conseil de défense sur la convenance de conclure avec l'ennemi, s'il était possible, une suspension d'armes jusqu'au 1er janvier 1814, époque à laquelle tous les moyens de subsistance devaient être épuisés. Le conseil ayant adopté la proposition du gouverneur, on entra en négociations; et, le 29 novembre, se conclut ce qu'on voulut bien décorer du nom de convention, mais qui n'était en réalité qu'une capitulation conditionnelle par laquelle la place devait être livrée le 1er janvier suivant, dans le cas où elle ne serait pas secourue; et la garnison devait rentrer en France sous parole de ne pas servir pendant un an, à moins qu'avant ce temps elle ne fût échangée. Dès cette époque, les hostilités furent suspendues.

Le 24 décembre, un parlementaire russe apporta le refus de l'empereur Alexandre de ratifier la capitulation, en ce qui concernait le retour en France de la garnison. Le duc de Wurtemberg exigeait une nouvelle capitulation rédigée avec cette restriction, et donnait l'explication du refus de ratification de la première, en disant que la garnison de Thorn, sortie de cette place en vertu d'une semblable capitulation, avait repris les armes avant l'année révolue. Nous ne savons pas que ce fait ait jamais été contesté. La loyauté de l'empereur Alexandre est acquise à l'histoire. La magnanimité de sa conduite en 1814 a prouvé qu'il parlait sincèrement, en disant que ce n'était pas à la France qu'il faisait la guerre, mais à un seul homme. L'histoire pèsera et jugera la question importante, dans les lois de la guerre, de la nécessité de la ratification, par le souverain, d'une capitulation accordée par le général commandant une armée de siége.

On conçoit cependant que la garnison, qui s'était bercée de la douce certitude de revoir la patrie, ait été exaspérée à la nouvelle de ce changement dans la destinée qui lui était réservée. Deux partis se formèrent parmi les officiers. Les plus jeunes et les plus exaltés voulaient, non plus prolonger une défense qui devenait impossible, vu le manque de vivres, mais se faire jour, le sabre à la main, à travers l'armée ennemie, se jeter en Pologne et gagner la frontière de Turquie. C'était tout simplement prendre le parti de vendre chèrement sa vie. Parmi ceux qui ne voulaient pas qu'on signât une nouvelle capitulation, quelques-uns, moins extrêmes dans leur résolution, demandaient qu'on brûlât publiquement tous les bagages des officiers, afin de prouver à l'ennemi qu'on agissait moins dans le but de leur conservation que par un vif sentiment d'honneur et de fidélité aux paroles données; qu'on ouvrît les portes le 1er janvier, et que sans armes on réclamât l'exécution de la première capitulation. Ce moyen conciliait la raison avec un noble sentiment de fierté: il eût mené les prisonniers à une condition plus dure, et il demandait de la part des chefs un courage moral plus difficile à rencontrer que celui du champ de bataille.

Les mêmes dissentiments qui régnaient dans la garnison se manifestèrent dans le conseil de défense. Ce fut un jeune général napolitain, qu'on avait toujours vu, pendant le siége, donner l'exemple aux troupes de sa nation, qui proposa le premier le parti du désespoir; mais la raison prévalut. Une seconde capitulation fut signée, en vertu de laquelle 5 à 6,000 Français, reste de 21 à 22,000 qui s'étaient enfermés dans la place, furent conduits en Russie. Les troupes des autres nations furent dirigées vers leurs pays respectifs.

Tels sont les principaux événements d'un siége que tout a concouru à rendre mémorable. Dantzig, premier port de la Baltique. devenu la première forteresse du Nord par les travaux des ingénieurs français, était une possession trop importante pour n'être pas vivement disputée. Les assiégeants déployèrent beaucoup de valeur dans leurs attaques, et leur nombreuse artillerie fut supérieurement servie. Ils eurent de puissants auxiliaires dans les fléaux de toute espèce qui vinrent fondre sur les assiégés; mais, d'autre part, le temps fort long qui s'écoula depuis le blocus jusqu'au commencement du siége permit à ceux-ci de perfectionner les fortifications, et de jeter en avant des ouvrages qui forcèrent les assiégeants à commencer leurs travaux de siége à une distance énorme de la place. Après trois mois de siége, ils ne se trouvaient avancés qu'à la distance où les Français ouvrirent la tranchée en 1807. Pour arriver là, ils avaient fait 28 à 30,000 mètres de tranchées : un auteur allemand dit 12 lieues. Ils avaient lancé 3 à 400,000 projectiles. Les assiégés en avaient employé près de 150,000.

La garnison alla en toute occasion au delà de son devoir. « Je sais qu'à Dantzig vous avez fait l'impossible, » disait Napoléon au général Rapp, pendant les Cent Jours. Les troupes des diverses nations, qui concoururent à la défense, rivalisèrent de courage et de dévouement. L'infanterie fut toujours inébranlable au milieu des pertes affreuses qu'elle essuya. La cavalerie, montée sur des chevaux épuisés, contribua brillamment au succès des affaires qui précédèrent le siége. L'artillerie fut, comme partout, un modèle de régularité, de talent et de courage ; et le génie, qui dans cette sorte d'opération militaire joue le premier rôle, défendit ses œuvres comme il les avait construites.

Lorsque la capitulation fut signée, elle tomba dans le domaine de la critique, que ne s'épargne jamais l'esprit français. On se dit qu'elle n'était rien de mieux que ce qu'on aurait obtenu après plusieurs assauts au corps de place ; et qu'après l'exemple des difficultés qui s'étaient élevées au sujet de l'exécution de l'armistice, on n'aurait pas dû donner le temps d'en laisser surgir d'analogues pour l'exécution de la capitulation. Le mois d'intervalle qu'on avait demandé entre la signature de la convention et la sortie de la place, n'était qu'une stipulation d'amour-propre. On était instruit de la coalition de toute l'Allemagne et des revers de l'armée française. C'était donc une dérision que la prévision du cas où Dantzig serait secouru. On se dit que la défection des Allemands et les mauvaises nouvelles de nos armées avaient fait succéder un découragement total à la fermeté montrée jusqu'alors par le conseil de défense. Les critiques furent plus amères encore sur l'impéritie qui avait causé un terme si rapproché à la consommation totale des vivres: Les hommes forts, pour lesquels le succès, les récompenses ou la conservation de ce qu'ils ont acquis, ne sont pas des conditions nécessaires d'énergie, se disaient qu'avec du pain et des cartouches il aurait suffi des Français et des Polonais pour conserver pendant l'hiver la place de Dantzig, dans laquelle on se serait enfermé, en abandonnant Weichselmünde et les autres forts; que l'état de défense dans lequel on avait mis les fronts de l'inondation ne laissait plus les mêmes craintes d'attaque de vive force qu'on avait eues l'hiver précédent; et que la rigueur du climat n'aurait permis aux assiégeants ni aucun cheminement sur la place, ni même le séjour dans ses tranchées comblées de neige. On aurait eu, dans cette hypothèse, la gloire de conserver la place jusqu'à l'époque qu'avait fixée Napoléon, et de ne la rendre qu'en suite des stipulations du traité de Paris.

Quoi qu'il en soit, rien ne peut ternir la gloire de la défense de Dantzig jusqu'au 1er décembre. Les assiégés purent dire, après huit mois de blocus et trois mois de siége, qu'ils abandonnaient la place, et qu'on ne la leur avait pas prise. Les brillantes sorties de la garnison, les événements désastreux supportés avec constance, et souvent réparés avec une audace et une activité incroyables, l'acharnement de la défense d'Ohra et des ouvrages extérieurs, et tant d'autres faits que nous n'avons pu qu'esquisser rapidement, forment un des drames les plus importants de l'histoire militaire de cette époque, si féconde en événements de guerre.

La population de Dantzig, qui montait environ à 40,000 âmes avant le siége, se trouvait en décembre réduite à la moitié par l'émigration, qui échappait à l'ennemi, malgré sa surveillance pour ne pas laisser sortir des bouches inutiles que le gouverneur aurait dû expulser avant le blocus, par les maladies, la famine, et même le feu des assiégeants; car on vit beaucoup d'habitants réduits à accepter, pour un morceau de pain, du travail aux fortifications les plus avancées. On vit même des femmes s'aguerrir à ces postes périlleux.

Lorsque les Français sortirent prisonniers de cette ville, aucune insulte ne leur fut faite, aucun reproche ne leur fut adressé sur les malheurs inouïs dont elle avait été accablée. On ne peut douter cependant de l'allégresse qu'éprouvaient les habitants, de voir cesser une domination qui, pendant sept ans, n'avait été pour eux qu'une source de sacrifices et de pertes de tout genre. La prétendue restauration de leur indépendance en 1807 n'avait été que nominative; trop d'agitations l'avaient traversée pour qu'ils désirassent autre chose que le retour de la domination prussienne, et avec elle une autorité paternelle, et le rétablissement de leurs relations commerciales avec le monde entier. L'histoire des souffrances endurées par cette population, pendant l'année 1813, restera une page touchante de l'histoire de la ville de Dantzig.

Nous avons fait en sorte, dans le courant de ce récit, de rendre aux troupes de chaque nation, amie ou ennemie, le tribut d'éloges qui leur était dû. La guerre, ce terrible duel des peuples, une fois terminée, il faut tendre la main à ses ennemis, leur rendre la justice qui leur appartient, et se plaire à louer les alliés à côté desquels on a combattu.

Nous avons été sobres de noms propres. Sans parler de notre répugnance à imiter l'inconcevable abus qui s'est introduit de nos jours dans les rapports officiels, et jusque dans les histoires militaires, nous n'aurions pu citer des noms sans cesser d'être équitable. Une garnison comme celle de Dantzig ne peut être nommée que tout entière.

Qu'il nous soit permis cependant de rendre un juste hommage au général russe Koulinoff, auquel fut confié le soin des blessés et des malades laissés dans Dantzig, et de signaler son nom à la reconnaissance de l'armée française. Ce général sut remplir sa mission de la manière la plus honorable; et il ne remit son épée dans le fourreau, en entrant dans la ville, que pour entourer de soins et de consolations le courage malheureux.

Le siége de Dantzig offre un exemple à méditer, du rôle que les places de guerre sont appelées à jouer dans les guerres modernes. Il faut faire sans doute la part des événements extraordinaires qui éloignèrent si rapidement et si loin de Dantzig l'armée dont cette place devait être un des points d'appui. Mais, en 1807, les troupes françaises s'en approchèrent tout aussi rapidement, et en firent tomber les murs en bien moins de temps. On vit donc, dans les deux cas, une des plus fortes places de l'Europe ne se défendre que pour l'honneur de son drapeau, sans aucune influence sur le sort des armées.

Il faut remarquer que les succès obtenus par la garnison de Dantzig en 1813 furent dus aux manœuvres qu'elle fit au dehors, et que sa défense pendant les trois mois de siége eut lieu dans les maisons d'un faubourg et dans des retranchements improvisés en avant de la place; que par conséquent ces beaux faits d'armes eussent pu se passer lors même que Dantzig eût été beaucoup moins bien fortifié, ou ne l'eût pas été du tout. Si l'on rapproche cette défense de celle de plusieurs villes ouvertes, entre autres de Saragosse, qui se défendit si vigoureusement et si longtemps contre les plus braves troupes et les plus habiles ingénieurs, on sera forcé de convenir que l'énergie et l'habileté du commandant d'une place, la ténacité ou l'enthousiasme de ses habitants, servent plus à sa défense que le tracé le plus savant de ses fortifications.

De grandes discussions ont eu lieu depuis la paix de 1814; beaucoup d'ouvrages ont été écrits sur le plus ou le moins d'utilité des places fortes. Leurs partisans et leurs antagonistes ont invoqué l'autorité du grand capitaine de l'histoire moderne, de Napoléon. Les uns et les autres ont pu le faire, puisque le pour et le contre se lisent dans les écrits qu'il a laissés. Une pensée constante domine cependant dans les opinions contradictoires qu'il a émises : c'est celle de la libre disposition des armées au moyen de la défense des places par leurs populations. Imbu des faits de l'histoire ancienne, comme nous l'avons dit ailleurs, il voulait nous ramener à ces temps anciens, où les populations entières, n'ayant en perspective que la mort ou l'esclavage, défendaient jusqu'à la dernière extrémité leur vie et leur liberté. « Derrière un rempart, disait-il dans un de ses conseils, tout est bon pour se défendre, hommes, femmes, et même enfants (1). »

Dans les guerres d'invasion, telles qu'on les fait aujourd'hui, les villes de guerre sont souvent plus embarrassantes qu'utiles. Livrées à elles-mêmes par des retraites rapides, elles ne restent plus, pour les corps d'armée destinés à les défendre,

(1) Procès-verbaux manuscrits des conseils du génie, tenus annuellement sous la présidence de l'empereur Napoléon.

que des champs de bataille obligés, où l'on perd l'avantage des manœuvres et des marches rapides, et qu'on n'ose quitter pour opérer au loin, profiter d'une victoire en suivant un ennemi battu, et se procurer des vivres ou des nouvelles, qui sont un autre aliment non moins nécessaire dans nos mœurs modernes. Les assiégés n'ont pour nourrir ce besoin que les nouvelles inventées par leurs ennemis, et par les habitants eux-mêmes, souvent intéressés à décourager la garnison, pour arriver à la fin d'une lutte dont ils sont toujours les victimes. Sur ces champs de bataille restreints, les maladies s'accumulent, les épidémies se propagent avec rapidité. S'il s'agit de conserver des dépôts destinés à armer et équiper des troupes nouvelles, ce n'est pas sur la frontière qu'une place forte remplira ce but. Bloquée au milieu des armées ennemies, ses magasins sont inaccessibles. Tombée en leurs mains, elle leur fournit ce qu'on avait approvisionné pour soi. Ce n'est qu'au cœur des États ou dans les ports de mer, et en petit nombre, qu'on doit avoir de pareils dépôts. On peut encore avoir des places plus petites ou des forts sur les chaînes des grandes montagnes, pour garder le petit nombre de défilés par lesquels elles sont accessibles. Aux places disposées en échiquier, à la mode sous Vauban, on substitue aujourd'hui, en petit nombre, d'immenses camps retranchés pouvant recueillir une armée entière, et appuyés sur une place forte : c'est toujours là une machine de guerre ayant le défaut de l'immobilité, un point fixe dont une armée a la consigne de ne pas s'écarter. En limitant ses mouvements, on lui fait remettre des points à son ennemi, avant d'engager la partie.

Chaque époque a ses besoins, plus souvent encore ses systèmes, qu'elle exagère jusqu'à ce que l'abus en fasse connaître les vices. Au moyen âge, les mœurs féodales nécessitaient la défense des manoirs seigneuriaux, et la France fut couverte de donjons et de tourelles. Sous les derniers règnes, les guerres systématiques firent imaginer les doubles et triples ceintures de places fortes. Louis XIV aimait les siéges, et sous son règne Vauban seul assiégea quarante-huit places, en construisit trente-trois et en restaura trois cents. Aujourd'hui l'on n'a plus en vue que les émeutes, contre lesquelles les casernes défensives et les corps de garde crénelés seraient des moyens de défense suffisants à la répression des insurgés et à la sûreté des troupes. Mais on déploie un appareil imposant de fortifications, en entourant des villes comme Lyon et Paris d'une ceinture de forts, situés sur un terrain où en vérité il suffirait du libre jeu de l'artillerie et de la cavalerie pour dissiper tous les émeutiers du monde.

Un jour, dans un de ces conseils dont nous avons parlé plus haut, on proposait à Napoléon la construction d'un fort au confluent de la Marne et de la Seine, et on lui disait que cette forteresse pourrait être utile dans le cas d'une insurrection parisienne. « S'il y avait une insurrection générale « à Paris, répondit-il, c'est que j'aurais l'opinion « contre moi; et, du jour où l'opinion tournerait « contre moi, je serais détrôné. »

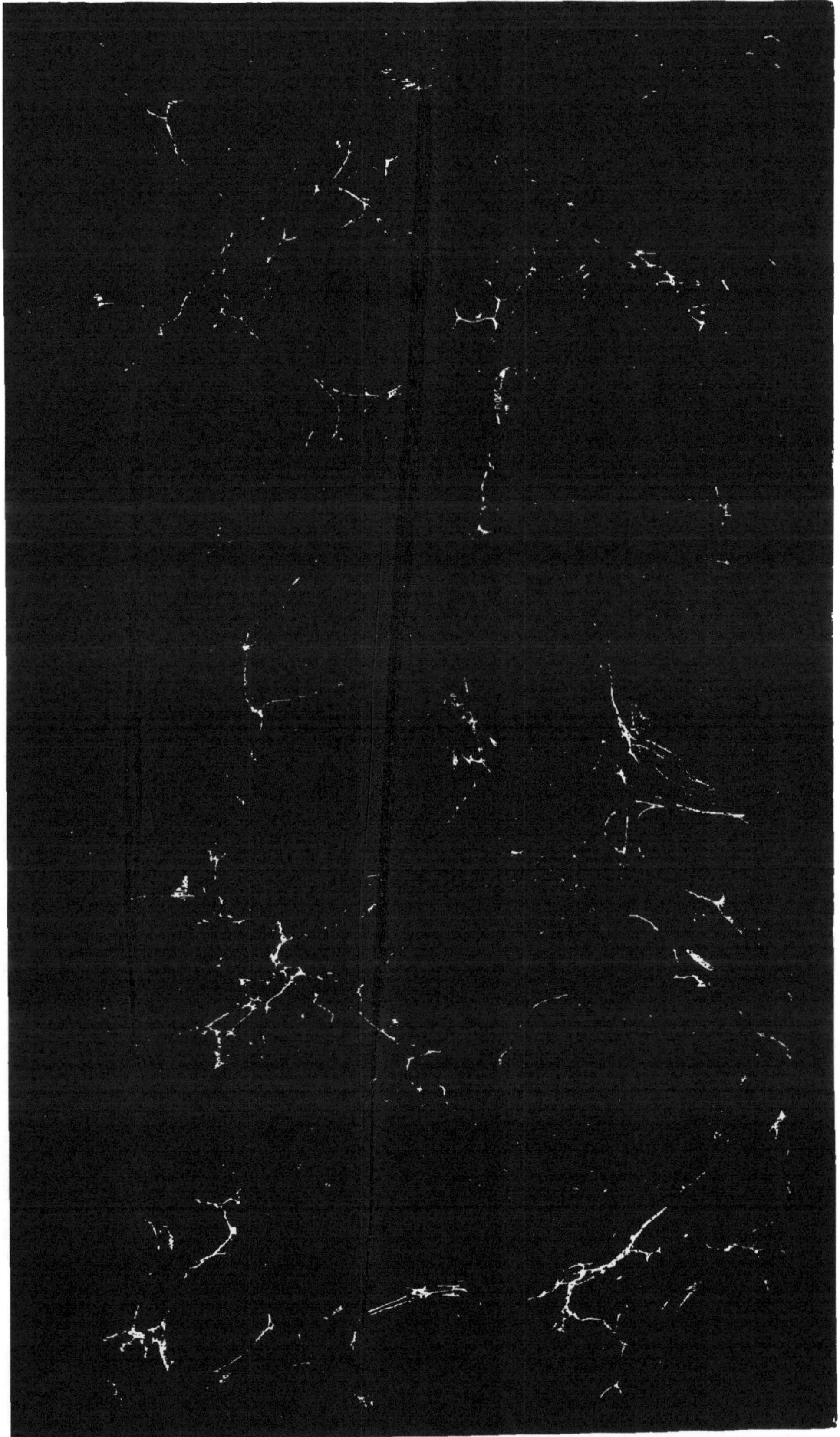

www.ingramcontent.com/pod-product-compliance
Ingram Content Group UK Ltd.
Pitfield, Milton Keynes, MK11 3LW, UK
UKHW021147230726
13926UKWH00002B/970